Eugène d'Eichthal

La Théorie du salaire, l'économie politique et le socialisme

Essai

ISBN : 978-1981352289

10 9 8 7 6 5 4 3 2 1

Eugène d'Eichthal

La Théorie du salaire, l'économie politique et le socialisme

Essai

Table de Matières

Introduction

Parmi les prétendues injustices sociales que les ennemis de l'ordre économique actuel attaquent avec le plus de violence figure au premier rang, comme engendrant les autres, le procédé de répartition des fruits de la production industrielle. Dans la plupart des entreprises, l'entrepreneur ou patron, représenté souvent par plusieurs associés, réserve pour lui-même les chances de gain ou de perte, et rémunère l'ouvrier par un salaire. Quelles protestations se sont élevées contre ce mode de répartition, tout le monde le sait. En ce temps de grèves fréquentes, on entend retentir, plus passionnées que jamais, les réclamations lancées contre le capital et ses iniques prélèvements : des écrits, des discours virulents dénoncent l'injustice du contrat qui lie le patron et le travailleur ; montrent l'un accumulant ses bénéfices au détriment de l'autre, le riche toujours plus riche, le pauvre toujours plus pauvre, suivant une formule saisissante répétée à satiété par la presse et la tribune. L'opulence accrue sans cesse dans les mêmes mains, et comme conséquence de ce développement anormal, conséquence navrante pour le philanthrope, troublante pour le philosophe, terrifiante pour le politique, ce qu'on a appelé le *sisyphisme*, c'est-à-dire la civilisation, dans sa marche progressive, écrasant d'un poids toujours plus lourd, ceux. qui tirent leur subsistance du travail de leurs bras : voilà la question sociale, et c'est sous cette forme tragique qu'on la jette en phrases sonores aux imaginations populaires. Elle s'étale, accompagnée de menaces, dans la presse à bon marché, dans les *meetings*, dans les manifestes électoraux, aigrissant des douleurs trop réelles, aveuglant de sophismes des esprits déjà bien troublés par la souffrance et l'ignorance, envenimant toutes nos plaies morales et politiques.

Ce qui surprend parfois le lecteur ou l'auditeur dans le concert des protestations soulevées par le salariat ; c'est l'appareil scientifique et en apparence rigoureux dont certains organes socialistes accompagnent leurs attaques. Pour démontrer la misère des classes laborieuses toujours aggravée, le luxe des uns nourri par la pénurie des autres, le paupérisme, ce fléau des temps modernes, dérivant fatalement de notre système de production, ils s'appuient sur des définitions empruntées aux maîtres de l'économie politique. A tout moment, ceux des écrivains collectivistes qui se piquent de culture littéraire invoquent Turgot, Adam Smith, Malthus, Ricardo, Stuart Mill, comme les premiers auteurs de théories pessimistes, qui, dans le présent agencement économique et au milieu des merveilles produites par l'application de la science à l'industrie, interdiraient aux victimes du prolétariat tout espoir sérieux d'améliorer leur sort ; leurs écrits servent à revendiquer cette révolution sociale tant de fois annoncée, destinée à remettre dans les mains du plus grand nombre les moyens de production actuellement confisqués par de tyranniques détenteurs.

Ici même, M. de Laveleye, M. Ch. Grad [1] ont montré comment le collectivisme allemand, aujourd'hui si redoutable par le nombre et l'organisation de ses adhérents, et qui a poussé des racines dans le monde entier, sans en excepter notre propre territoire, cherche à se rattacher aux théories de l'économie classique et à y prendre son point d'appui. Rappelons seulement, en engageant le lecteur à relire les développements historiques où les deux auteurs que nous venons de citer ont condensé tant de faits, dans quels termes l'un des pères du socialisme contemporain, le célèbre agitateur allemand Lazsalle, étaie son système d'attaque contre l'industrialisme moderne sur la théorie du salaire, sur cette fameuse *loi d'airain*, corollaire fatal, selon lui, des formules de Turgot, de Smith et de Ricardo : « A quiconque vous parle de l'amélioration du sort des travailleurs, écrit-il à ses adhérents, vous devez poser avant tout la question s'il reconnaît ou s'il ne reconnaît pas *la loi d'airain*. S'il ne la reconnaît pas, vous devez dès l'abord vous dire que cet homme, ou bien veut vous tromper, ou qu'il est d'une lamentable inexpérience dans la science économique. Car il n'y a, dans l'école libérale même, pas un seul économiste ayant un nom qui ait contesté cette loi. Adam Smith comme Say, Ricardo comme Malthus, Bastiat comme J.-S. Mill, sont unanimes à en reconnaître la vérité. Il y a sur ce point un accord complet parmi tous les hommes de la science. Et si votre interlocuteur qui vous entretient de la situation des ouvriers a, une fois, sur votre demande, reconnu cette loi, alors posez-lui cette autre question : Comment veut-il triompher de cette loi ? Et s'il ne sait rien répondre, tournez-lui tranquillement le dos ; c'est un babillard vide, qui veut, avec des phrases creuses, vous tromper et vous éblouir vous-mêmes ou se tromper et s'éblouir soi-même [2]. »

8

La question des antécédents théoriques vaut, on le voit, la peine d'être approfondie, car, à tort ou à raison, des démonstrations classiques, habilement interprétées ou exagérées, servent d'assises aux doctrines les plus dangereuses. L'économie politique qui prêche la paix sociale est employée à la déchirer, et les maîtres qui, en la fondant, croyaient travailler à une œuvre de concorde, sont invoqués comme alliés par les pires destructeurs de notre système économique. C'est dans cette situation qu'un bon nombre d'écrivains impartiaux, chercheurs consciencieux de la vérité, apercevant la gravité des corollaires déduits de la théorie du salaire, ont repris récemment le sujet à sa source, et tenté d'éprouver à nouveau, par une analyse rigoureuse, la doctrine dite classique. Appliquant à cette partie de la science, la pensée de Rossi, qu'après avoir bénéficié de leurs découvertes, « il importe de signaler les erreurs des hommes célèbres, car l'autorité de leur nom pourrait jeter leurs disciples dans de fausses voies, » ils ont recherché dans les traités des maîtres les formules inexactes ou imparfaites dont on s'est, depuis, fait une arme contre nos institutions industrielles. En France, à la suite d'un travail critique très hardi, un publiciste qui est parmi les plus autorisés et les plus écoutés, M. P. Leroy-Beaulieu, a, il y a quelques années, proclamé, peut-être avec une grande vivacité d'expression, dans son bel ouvrage sur la *Répartition des richesses*, que « toute la théorie du salaire est à refaire [3] ; » et il a réfuté plusieurs erreurs accréditées par d'illustres devanciers. A sa suite, l'Académie des Sciences morales et politiques a ouvert sur ce sujet même l'un de ses principaux concours. Qu'il nous suffise de signaler parmi les écrivains qui y ont pris part M. Emile Chevallier, auteur d'un intéressant mémoire sur *les Salaires au XIXe siècle*, que l'Académie a couronné. Depuis, M. Beauregard, professeur à la faculté de droit de Paris, a publié un important *Essai sur la théorie du salaire*, et enfin M. E. Villey, professeur à la faculté de Caen, a fait paraître un petit volume sur *la Question des salaires*, moins développé que les deux précédents ouvrages, mais qui, non moins net, aboutit aux mêmes conclusions.

En Angleterre, en Allemagne et en Amérique, comme on le verra par la suite de cette étude, la critique de l'ancienne théorie concernant les salaires a déjà été tentée depuis plusieurs années, et de remarquables ouvrages [4] ont protesté contre les théories pessimistes relatives au sort des travailleurs, qui furent émises dans plusieurs des premiers livres de l'école.

Repassons brièvement, avec les auteurs que nous venons de nommer, quelques-unes des définitions mères d'où sont nées tant de déductions graves pour la paix sociale.

Section I

La première opinion à citer est celle de Turgot. Celui-ci, dans un passage bien connu de son ouvrage *Sur la formation et la distribution des richesses*, § 6, présente sous une forme trop catégorique un fait d'observation qui prend sous sa plume l'apparence d'une sorte de loi fatale : « Le simple ouvrier, dit-il, qui n'a que ses bras et son industrie, n'a rien qu'autant qu'il parvient à vendre à d'autres sa peine ; mais celui qui paie le travail le paie le moins cher qu'il peut ; comme il a le choix entre un grand nombre d'ouvriers, il préfère celui qui travaille au meilleur marché. Les ouvriers sont donc obligés de baisser le prix à l'envi les uns des autres. En tout genre de travail, *il doit arriver* et il arrive en effet que le salaire de l'ouvrier se borne à ce qui lui est nécessaire pour lui procurer sa subsistance. »

Adam Smith, tout en l'entourant de certaines atténuations, reprend la pensée de Turgot : « C'est, dit-il, par la convention qui se fait habituellement entre deux personnes dont l'intérêt n'est nullement le même, que se détermine le taux commun des salaires. Les ouvriers désirent gagner le plus possible, les maîtres donner le moins qu'ils peuvent : il n'est pas difficile de prévoir lequel des deux partis, dans toutes les circonstances ordinaires, doit avoir l'avantage dans le débat et imposer forcément à l'autre ses conditions ; il y a cependant un certain taux au-dessous duquel il est impossible de réduire, pour un temps un peu considérable, les salaires ordinaires, même de la plus basse espèce de travail : il faut de toute nécessité qu'un homme vive de son travail et que son salaire suffise au moins à sa subsistance. Il faut même quelque chose de plus, dans la plupart des circonstances ; autrement il serait impossible au travailleur d'élever une famille, et alors la race de ces ouvriers ne pourrait pas durer au-delà de la première génération... Il paraît certain que, pour élever une famille même dans la plus basse classe des plus simples manœuvres, il faut nécessairement que le travail du mari et de la femme puisse leur rapporter quelque chose de plus que ce qui est précisément indispensable pour leur propre subsistance ; mais dans quelle proportion ? C'est ce que je ne prendrai pas sur moi de décider... C'est peu consolant pour les individus qui n'ont d'autre moyen d'existence que le travail [5]. »

D'autres économistes illustres, J. -B. Say, Mac-Culloch, Stuart Mill, acceptant le principe de Turgot, s'écartent de lui en élargissant, comme l'avait déjà fait A. Smith, le sens du mot subsistances [6], et en l'étendant à des besoins variables suivant les habitudes, le climat, les conditions du travail, les nécessités de l'éducation, de l'apprentissage, etc.. [7] ; mais ils conservent le même point de départ et donnent la même base à la théorie, en supposant que, par la puissance supérieure des entrepreneurs, profitant de la concurrence des ouvriers, la rémunération du travail est, sauf des fluctuations passagères, réduite à ce qui permet l'entretien et la reproduction des travailleurs. Stuart Mill, constatant que, dans la réalité, le salaire s'est souvent élevé au-dessus de ce niveau, va jusqu'à prétendre que c'est là un effet de la pure bienveillance des capitalistes : « Il y a, dit-il, peu de salaires qui ne devraient être inférieurs à ce qu'ils sont, si les patrons tiraient de la concurrence des bras tout le parti possible [8]. » L'explication est défectueuse, et il semble surprenant qu'un esprit aussi perspicace que Stuart Mill ait pu attribuer, d'une façon générale, aux patrons, des mobiles de pure générosité peu compatibles avec les rigoureuses nécessités de la lutte industrielle. La véritable cause de l'écart des faits et de la théorie n'était-elle pas une confusion regrettable et d'ailleurs facile à éclaircir entre le salaire minimum et le salaire normal ? Que le salaire égal aux subsistances fût le salaire minimum, sauf dans des temps exceptionnels et forcément courts, c'est ce qu'il n'était pas difficile de démontrer, en définissant par subsistances les matières indispensables à l'existence ; que ce fût le salaire le plus habituel du temps de Turgot ou de Smith, le fait est probable, puisque ces illustres observateurs le constatent sans hésitation, avec cette réserve établie par Smith, et après lui par presque tous les économistes, que le mot subsistances doit être pris dans un sens plus large que ne l'avait fait primitivement Turgot ; que, même avec cette extension dans la définition, le salaire dût forcément être enfermé dans ces limites étroites, ni Turgot, ni Smith, ni Say, ne l'avaient formellement prouvé ; il était réservé à d'autres maîtres, notamment à Malthus et à Ricardo, de fournir des définitions plus affirmatives et compréhensives, d'où les socialistes ont pu à leur tour tirer la soi-disant *loi d'airain*. En réalité, cette prétendue loi n'est pas issue d'une théorie unique : elle est née de la combinaison de plusieurs formules, parmi lesquelles il suffira de citer celle du fonds des salaires, dont la théorie a été exposée avec beaucoup de : netteté par Mac-Culloch et Stuart Mill, et celle de l'accroissement de la population, qui a rendu célèbre le nom de Malthus. Ricardo a confondu les deux théories dans une formule concise, que les socialistes ont souvent invoquée, et qui conclut à l'abaissement progressif et fatal des salaires a dans la marche naturelle des sociétés (on verra ce que Ricardo entend par ce mot), et en tant qu'ils sont réglés par l'offre et la demande. »

La loi du fonds des salaires, telle qu'on en retrouve la définition dans Mac-Culloch et Stuart Mill, est celle qui établit que les salaires du travail doivent être prélevés sur une portion du capital national, qui, pour une période donnée, représente une somme fixe, un fonds invariable, contenu entre deux barrières rigoureuses. Cette somme globale, distraite de la somme des capitaux circulants, existant à une époque déterminée, a pour destination exclusive la rémunération des travailleurs et doit être répartie entre eux. Tous les efforts pour en accroître la grandeur, tentés par les ouvriers, sont stériles ; le seul résultat du surcroit de rétribution que recevraient les uns serait la diminution de la quote-part des autres. « Si la loi ou l'opinion, dit Stuart Mill, réussissent à fixer le salaire de certains ouvriers au-dessus du taux qui résulte de la proportion entre la somme des capitaux et le nombre des ouvriers, il faut qu'ailleurs d'autres ouvriers chôment. » Par contre, les capitalistes s'efforceraient vainement de retenir une part du *wages-fund* ; ce qui serait retiré aune classe de travailleurs reviendrait à une autre catégorie [9].

La conséquence de cette théorie est, on le voit aisément, et Stuart Mill y a longuement insisté que l'unique moyen d'élever la rémunération individuelle des travailleurs devra consister, soit à restreindre le nombre des bras qui offrent le travail et vivent sur le fonds des salaires, soit à augmenter le capital destiné à constituer ce même fonds ; tout progrès durable des classes laborieuses sera subordonné à l'une ou l'autre de ces conditions. Mais ici interviennent les lois de Malthus touchant l'accroissement de la population, et les théories relatives à la productivité décroissante des terres, théories d'où, jusqu'à une époque récente, l'école anglaise a tiré toute sorte de corollaires [10]. Si ces lois et ces théories sont exactes, elles devront singulièrement restreindre, ou du moins faire dépendre d'exigences malaisées à réaliser, les chances d'amélioration du sort des classes ouvrières. Supposons, en effet, démontrées les règles que Malthus applique à la propagation de l'espèce humaine, lorsqu'elle n'est pas contenue par des entraves restrictives, « préventives ou répressives. » D'après la formule bien connue du célèbre pasteur, la population, on le sait, tend toujours, non-seulement à se proportionner à la somme des subsistances disponibles, mais à dépasser très rapidement cette somme ; d'un autre côté, selon la théorie du *diminishing retwrn*, la productivité agricole doit toujours s'abaisser à mesure que l'homme épuise la fertilité naturelle du sol. Ces deux lois étant admises, il est évident que, d'une part, parmi les populations industrielles, le nombre des bras concurrents sera sans cesse poussé à s'accroître, puisque tout progrès passager dans les salaires activera les naissances, ou prolongera la vie moyenne des travailleurs existants ; et, d'autre part, le capital destiné à se transformer en salaires, et provenant de l'épargne faite sur des subsistances de moins en moins suffisantes, ne grandira pas proportionnellement au nombre des bouches à nourrir. C'est ce que résume cette formule de Ricardo, qui a été longtemps admise comme irréfutable par certains théoriciens, et invoquée par les ennemis de l'école orthodoxe à l'appui de l'épithète de *science sinistre, dismal science*, dont ils stigmatisaient l'économie politique classique : « Dans la marche naturelle des sociétés, les salaires tendent à baisser en tant qu'ils seront réglés par l'offre et la demande ; car le nombre des ouvriers continuera à s'accroître dans une progression un peu plus rapide que celle de la demande (des bras)... Mais le prix des salaires tient aussi à celui des denrées que l'ouvrier a besoin d'acheter (pour subsister)... A mesure que la population augmente, ces denrées iront toujours en augmentant de prix, plus de travail devenant nécessaire à leur production. L'ouvrier se trouvera donc doublement atteint, sa condition empirera en général, tandis que celle du propriétaire foncier s'améliorera [11]. »

Cette conclusion de l'auteur des *Principes d'économie politique* a, on le sait, fait école en Angleterre : les écrivains contemporains de Ricardo, ou ses successeurs immédiats [12], quoiqu'ils n'aient pas été tous aussi pessimistes que lui au sujet de l'avenir des classes laborieuses, n'émettent pas, en général, sur ce point, des prévisions beaucoup plus favorables. On sent que, bien que doués d'une sympathie profonde pour la portion souffrante de l'humanité (et sur ce sujet on a singulièrement calomnié leurs sentiments), ils aperçoivent clairement quelles immenses difficultés s'opposent à la guérison des maladies sociales par des remèdes directs. Ennemis déclarés des mesures législatives, de l'intervention gouvernementale ou administrative tant de fois vainement essayées et qui n'ont fait qu'aggraver les maux qu'il s'agissait de combattre, des lois sur les grains comme de la taxe pour les pauvres et des *workhouses*, en général de toutes mesures de maximum légal pour les subsistances, ou de minimum pour les salaires, c'est, conformément aux idées de Malthus, dans la modération du mouvement de population que la majorité des économistes se rattachant à l'école dite anglaise a cherché longtemps de préférence un palliatif à l'extension de la misère. Dans les ouvrages de cette période, la limitation volontaire du nombre des mariages, les entraves morales mises à l'accroissement des naissances, sont, malgré des difficultés sur lesquelles il est inutile d'insister, présentées comme pouvant mieux que toute autre combinaison cicatriser la plaie terrible du paupérisme. L'exemple de l'Amérique, dont la population double en vingt-cinq années, celui de l'Irlande, affligée d'une marée montante d'êtres misérables et affamés, servent d'épouvantail pour le vieux monde, où les rangs des travailleurs sont déjà si serrés et les moyens de production et d'alimentation limités. Stuart Mill démontre que, sans la ressource de l'exportation des capitaux dans des pays neufs où le taux des profits est encore élevé, et l'émigration des bras en quête de travail vers ces mêmes contrées, les pays d'Europe devraient bien vite parvenir à ce qu'il appelle « l'état stationnaire, » et qu'à cette étape du développement économique il n'y aura plus de place pour une rémunération supplémentaire, soit des capitaux, soit des travailleurs en surcroît. Dans cette situation grosse de périls, et en tout cas de perspectives peu engageantes pour les nouveau-venus au banquet de l'existence, les principaux économistes font appel, afin de limiter le nombre des convives, à la prévoyance des classes laborieuses ; c'est sur leur prudence au point de vue des mariages, sur leur zèle à observer le *moral restraint*, qu'ils comptent pour remplacer l'action lamentable des guerres, des épidémies, des famines, de la misère même et du vice, ces barrières fatales et brutales mises à la propagation de l'espèce, lorsque la volonté des hommes' est insuffisante à la retarder.

Certes, convaincus qu'ils étaient de la justesse de leurs déductions, et animés d'intentions philanthropiques incontestables, les écrivains dont nous rappelons les doctrines avaient le droit et le devoir de formuler une loi rigoureuse, même si elle était décourageante pour une portion bien considérable de nos semblables [13] ; mais le sentiment qu'elle fait naître dans l'esprit du lecteur impartial est assurément douloureux. Sismondi s'écriait, en résumant le système dit anglais, que « achetées à ce prix, les richesses industrielles coûtent trop cher à l'humanité ». Si la synthèse à laquelle il fait allusion eût été complètement fondée, son exclamation aurait dû porter non-seulement sur les richesses issues de l'organisation économique actuelle, mais, d'une façon générale, sur la misérable condition de l'espèce humaine, broyée entre des fatalités contradictoires ; car quel agencement spécial pourrait prévaloir contre un désaccord aussi profond entre les besoins, les instincts, les tendances les mieux enracinés dans l'être vivant, et un ordre de choses providentiel foncièrement hostile à leur satisfaction ? « Les êtres humains sont mis au monde en vertu d'une loi de la nature, disait Malthus, et, en vertu d'une autre, ils ne peuvent être nourris. » Quelque fût le système de relations établies du capital au travail, l'appauvrissement général de l'espèce, en face de subsistances trop peu abondantes pour le nombre croissant des copartageants, n'en eût pas moins été inéluctable, et nulle réforme industrielle ou économique n'aurait conjuré longtemps cette désastreuse : calamité.

En tout cas, les classes pauvres étaient les premières menacées, et cette fraction de l'école dont nous avons rappelé les enseignements ne le leur dissimulait pas. Bien plus : tandis qu'elle les acculait à une destinée peu enviable, elle fournissait aux victimes de la *loi d'airain* une définition qui, habilement interprétée, devait devenir entre leurs mains une arme redoutable contre notre organisation industrielle. Il s'agit de la définition de la valeur empruntée à Smith et à Ricardo. On sait combien de formules ont été tentées par différents auteurs pour fixer la nature et établir les bases de ce rapport entre les objets échangeables, qui constitue la valeur. Ce n'est pas ici le lieu d'entrer dans l'examen de ce sujet ni de chercher à dissiper des obscurités accumulées par une métaphysique « assembleuse de nuages, » pour emprunter à Homère une de ses épithètes. Qu'il suffise, avant de montrer l'usage qu'en ont fait les socialistes, de rappeler les définitions bien connues des auteurs de la *Richesse des nations* et des *Principes d'économie politique.*

« Smith, dit J. -B. Say [14], attribue au seul travail de l'homme le pouvoir de produire des voleurs [15]... Je ne crains pas d'avancer qu'il n'a pas envisagé sous toutes ses faces le grand phénomène de la production. Il a été entraîné à de fausses conséquences pur l'idée que toutes les valeurs produites représentent un travail récent ou ancien de l'homme, ou, en d'autres termes, que la richesse n'est que du travail accumulé ; d'où, par une seconde conséquence qui me paraît également contestable, le travail est la seule mesure des richesses ou des valeurs produites. »

Si l'on veut bien se reporter au premier livre de la *Richesse des nations* (chap. V.), on trouvera dans le texte même de Smith, texte d'ailleurs assez obscur en plusieurs de ses parties, la justification des critiques de Say. Il n'est pas de chapitre du grand ouvrage du maître qui ait soulevé plus de controverses que ce passage où, par réaction contre la théorie des physiocrates établissant que le travail ne crée aucune valeur sans consommer une valeur équivalente, — d'où l'absence de produit net, — le philosophe écossais, négligeant les autres sources de la valeur qu'une analyse plus exacte a depuis définies [16], fait du travail le seul producteur et la seule mesure de la richesse ; mais, malgré les objections qui l'ont assaillie, l'idée maîtresse exposée dans ces pages a surnagé, et jusqu'à nos jours a été reprise par de nombreux théoriciens. Un des plus éminents d'entre eux, Ricardo, l'a formulée avec précision dans un chapitre bien souvent cité, où il établit que la valeur d'une marchandise, ou la quantité de toute autre marchandise contre laquelle elle s'échange, dépend de la quantité de travail nécessaire pour la produire, ou qu'en d'autres termes la valeur a pour mesure « ses frais de production [17]. »

Cette incomplète définition de la valeur, appuyée du nom de son auteur, est devenue la grande pierre d'assise des systèmes socialistes ; elle figure aujourd'hui en tête de la plupart des ouvrages collectivistes, notamment de ceux de Karl Marx et de ses disciples [18], et, avec la *loi d'airain*, sert de fondement à leurs thèses.

Avant d'invoquer le droit du travail à l'intégralité des produits, il fallait d'abord définir ce droit lui-même et le justifier [19]. Pour cela, les novateurs n'ont eu qu'à reprendre la définition que nous reproduisions plus haut et à la compléter par un corollaire. C'est ainsi que, s'inspirant des idées émises avant lui par Rodbertus-Jagetzow (que les manuels socialistes nouveaux citent avec vénération), procède Karl Marx, le véritable fondateur du collectivisme. « La substance de la valeur, dit l'auteur allemand, et il rattache à ce point de départ tout son système, c'est le travail. La mesure de quantité, c'est la durée du travail… » Puis il ajoute ce paragraphe, qui a une grande importance pour sa théorie : « La valeur d'une chose étant égale au travail *socialement* nécessaire à sa production, » ce qui veut dire que, pour évaluer la durée d'un travail donné, il faut la rapporter à la longueur moyenne de l'opération dans l'ensemble des exploitations, et ajouter ou retrancher, suivant le cas.

Les successeurs n'ont fait que répéter la formule primordiale. « Le travail est le seul élément de la production qui se trouve au fond de l'organisme humain ; ainsi s'exprime le Russe Tchernychewsky ; c'est pourquoi, au point de vue humain, tous les produits doivent être considérés comme les produits exclusifs du travail. » — « C'est le travail, dit l'écrivain belge de Paepe, qui détermine la valeur d'échange ou simplement la valeur d'un objet. Comme tous les objets ne demandent pas la même quantité de travail, on conçoit qu'un objet A vaille deux objets B, trois objets C, etc. [20]. » — « La journée normale de travail est la mesure scientifique et vraie de tout produit et de tout service, » écrit l'auteur américain Hanson. M. Schæffle, qui résume les idées collectivistes dans sa *Quintessence du socialisme* pour les présenter sous une forme synthétique, dit : « Temps de travail social, comme mesure de la valeur,.. tel est le véritable fondement théorique du socialisme ; » et il rappelle la définition de Karl Marx, « qui est la pierre angulaire de tout son système [21]. »

Lassalle, dans les lignes que nous avons citées de sa *Lettre ouverte*, nous a déjà fourni la preuve de la façon dont il a su exploiter la soi-disant *loi d'airain* et les théories qui s'y rattachent. Dans un autre de ses ouvrages, dans son fameux pamphlet contre Schulze-Delitzsch, le fondateur des banques populaires, qu'il appelle par dérision M. Bastiat-Schulze (de Delitzsch), en lui reprochant d'avoir reproduit, sans même les comprendre, les théories de l'auteur des *Harmonies économiques*, le célèbre agitateur, reprenant les formules classiques et les interprétant habilement, arrive aux conclusions les plus pessimistes pour les classes ouvrières, aux accusations les plus violentes contre les capitalistes. Dans sa démonstration poursuivie avec beaucoup de verve et de virulence, sinon de rigueur de raisonnement, il s'attache, en combinant la doctrine du salaire et celle de la valeur, à prouver que « le capital est du travail accumulé, mais que ce qu'on a accumulé, c'est le travail d'autrui [22] ; » — « que le paiement du travail humain revient nécessairement et toujours à ceux qui ne le méritent pas ; que si le travail est payé, il ne l'est pas aux travailleurs ; que le produit de ce travail est sucé par l'éponge du capital, le capitaliste ayant confisqué à son profit exclusif l'utilité de la division du travail et de sa productivité toujours croissante ; et qu'enfin les patrons nourrissent le peuple comme ils chauffent et graissent leurs machines à vapeur, pour les entretenir dans un état propre au travail, la nourriture des travailleurs n'étant considérée que comme frais de production nécessaires. » Sa conclusion est, on le sait, vu l'impossibilité d'arracher le travail individuel à cette monstrueuse oppression du capital, la constitution d'associations ouvrières subventionnées par l'état, auxquelles devront peu à peu revenir tous les moyens de production. On reconnaît la source directe des déclamations de nos collectivistes : elles sont traduites de Lassalle.

Avant celui-ci, Karl Marx, dont l'ouvrage sur *le Capital* est l'arsenal où Lassalle lui-même et toute l'école socialiste actuelle ont été chercher leurs armes, Karl Marx, disons-nous, avait essayé de serrer la question de plus près, et de fournir en termes scientifiques et en partant des formules déjà citées une analyse détaillée de la façon dont s'opère le dépouillement des travailleurs par les capitalistes. L'auteur, pour prouver sa thèse, déroule complaisamment et d'ailleurs avec beaucoup d'ingéniosité et d'érudition dans le détail, une longue chaîne de raisonnement [23] dont nous n'indiquerons ici que quelques anneaux, ceux qui se rattachent directement, à la loi des salaires et à la définition de la valeur : « Toute richesse venant du travail, dit l'auteur, et les travailleurs ne gardant de la richesse créée que la portion qui est nécessaire à leur subsistance, celle qui reste aux mains de l'entrepreneur représente un surcroît de production imposé au travail par le capital pour son propre profit. » En effet, « l'objet spécial, le but réel de la production capitaliste, c'est la production de la plus-value, ou le soutirage du travail extra au profit du capital. » Ce soutirage, le travail ne peut s'y dérober. Il est, par la *loi d'airain*, dans les mains du capital ; « le temps pour lequel l'ouvrier peut vendre sa force de travail est le temps pour lequel il est forcé de le vendre : en réalité, le vampire qui le suce ne le lâche point, tant qu'il lui reste une goutte de sang à exploiter… » Or, tout produit ayant pour mesure de sa valeur le temps qu'il a coûté à produire, cette création de richesses supplémentaires destinées au capital peut se traduire en nombre d'heures. « Le capital commande du travail non payé ; toute plus-value, sous quelque forme qu'elle se cristallise, sous la forme de profit, d'intérêt, de rente, etc., n'est que la matérialisation d'une certaine durée de travail non payé. Le mystère du travail productif se résout en ce fait qu'il dispose d'une certaine quantité de travail qu'il ne paie pas. »

La journée de travail sera ainsi divisée en deux parts : celle qui sert à l'ouvrier à se procurer la subsistance et celle qui est consacrée à accroître le profit du capitaliste. Dans quel rapport de durée se trouvent ces deux portions de la tâche quotidienne ? Karl Marx n'a pas craint de l'indiquer. Il établit qu'en général 6 heures suffisent à procurer à l'ouvrier sa subsistance et celle de sa famille ; le reste de la journée d'usage, de 10 ou 12 heures, est extorqué par le capitaliste sans rémunération pour le travailleur, d'où un taux d'exploitation variant de 60 à 100 pour 100 au profit du patron. Mais ce n'est pas tout : chaque progrès fait dans la productivité du travail, les inventions nouvelles, les machines, les procédés perfectionnés, au lieu d'accroître parallèlement le gain des deux facteurs de la production, favorise exclusivement le capital. En effet, la part du travail est strictement limitée par la *loi d'airain* à la subsistance de l'ouvrier ; donc tout le surcroît provenant des conditions plus favorables de la production, machines, division du travail, etc., va à l'autre partie prenante, c'est-à-dire au patron. De là l'écart croissant entre le bien-être des classes riches et la misère des classes laborieuses, écart admis par les socialistes comme un fait incontestable, qu'on ne se donne même plus la peine de vérifier. Au contraire, une fois lancé sur cette voie, on va de déduction en déduction, et les disciples, forçant la pensée du maître, arrivent à des exagérations saisissantes, sans se laisser troubler dans leur élaboration logique par l'aspect paradoxal des résultats auxquels elle les conduit. C'est ainsi, par exemple, qu'un journal collectiviste français, *l'Égalité*, reprenant les idées de Karl Marx, prétend vérifier par le détail les conclusions de l'auteur allemand et les préciser pour chaque cas particulier de l'organisation industrielle. Karl Marx, on l'a vu, s'était contenté d'établir un chiffre moyen pour la durée de la *corvée* ou prélèvement arbitraire du capital dans les fabriques en général ; actuellement on a l'ambition de chiffrer le nombre d'heures qui, dans chaque genre de métier, constitue le profit illégitime du chef d'entreprise : dans l'industrie textile, la *corvée* est de 7 heures 29 minutes sur 12 heures de travail ; dans l'industrie du cuir, de 8 heures 48 minutes ; elle monte à 9 heures 7 minutes dans l'industrie du bois ; 9 heures 45 minutes dans celle des produits chimiques et à 9 heures dans le bâtiment [24]. Nous ferons grâce au lecteur des calculs cités à l'appui de cette démonstration. Ils ne résistent pas à l'analyse même la plus sommaire. Sans se perdre dans des minuties de ce genre, mais résumant à grands traits les arguments de ses devanciers et condensant en quelques lignes d'innombrables protestations contre le système capitalistique, M. Benoit Malon s'écrie, dans son *Manuel d'économie sociale* : « Une monstrueuse contradiction économique fait se heurter et s'user tous les rouages sociaux. La science multiplie les richesses et décuple la productivité du travail, et ce progrès, cet acquis colossal et croissant, ne se résout pas en loisirs pour ceux qui travaillent, ni en mieux-être pour ceux qui souffrent ; au contraire, il augmente la tâche et la souffrance de ces derniers, pour aller tout entier à ceux que déjà le superflu embarrasse ; dans le monde capitaliste, aux progrès industriels si merveilleux, la richesse du petit nombre et la pauvreté du plus grand nombre croissent en deux lignes parallèles. Voilà la vérité, d'autant plus effrayante que le peuple travailleur, politiquement libre et s'instruisant de plus en plus, a, dans son élite, conscience de l'injustice à lui faite [25]. »

Section II

Telle est la *loi d'airain* et tels sont les corollaires qu'en ont tirés d'ingénieux ou d'éloquents dialecticiens. Sans nous préoccuper en ce moment de leurs commentaires, revenons pour un instant à la véritable théorie classique des salaires, et efforçons-nous, à la suite des auteurs que nous avons cités au début de cette étude, de saisir brièvement les lacunes ouïes vices de définition qu'une analyse plus exacte et surtout une expérience plus prolongée des phénomènes industriels ont pu y faire découvrir.

En repassant les définitions d'Adam Smith, de Ricardo, de Stuart Mill même, concernant les salaires et en les rapprochant des faits qui se sont produits depuis qu'elles ont été formulées, les économistes contemporains s'accordent, en général [26], à reconnaître à la fois leur évidence et leur caractère incomplet. En ce qui touche notamment la grande loi de l'offre et de la demande, sans cesse mise en relief par Smith et ses successeurs, et illustrée de toute sorte d'exemples, il est incontestable qu'elle exerce une influence considérable sur la rétribution de la main-d'œuvre. Aucun des auteurs qui ont repris d'un point de vue impartial l'analyse du sujet n'a pu nier que d'une façon habituelle l'offre de bras nombreux fit baisser ou empêchât de monter la rémunération offerte au travail, et que des capitaux importants en quête de bras augmentassent ou maintinssent la valeur de ceux-ci ; c'est là un fait indéniable et que résume la formule bien connue de Cobden, que « les salaires montent lorsque deux patrons courent après un ouvrier, et baissent lorsque deux ouvriers courent après un patron. » De même il est évident que le prix des subsistances joue un rôle important dans la fixation du prix de la main-d'œuvre. Ce sont là des vérités incontestables. Mais constituent-elles toute la théorie du salaire ? Ne faut-il pas y ajouter des considérations complémentaires qui tiennent une place essentielle dans la question ? D'autres facteurs économiques n'interviennent-ils pas avec une puissance égale à celle de la rareté ou de l'abondance visible des bras et des capitaux ou de la cherté des vivres et des autres moyens d'existence ? La productivité du travail notamment, déjà signalée passagèrement par les maîtres classiques, n'a-t-elle pas, sur les rapports des salariés et des entrepreneurs, une influence beaucoup plus considérable que ne l'ont indiqué les fondateurs de l'école ?

C'est là un point de vue sur lequel, parmi les premiers, croyons-nous, a vivement insisté l'auteur américain F. Walker, qui, frappé de la contradiction de l'ancienne doctrine avec les résultats qu'il avait sous les yeux, a cherché à établir une théorie qui expliquât comment, dans le Nouveau-Monde, on voyait à tous moments des salaires élevés coïncider avec des capitaux rares, des profits considérables et un accroissement continu et rapide de la population ; et il a édifié sur un grand nombre de faits bien observés une démonstration complète d'où le *fonds des salaires* est exclu et où le rôle de la productivité est mis en pleine lumière [27].

Les auteurs que nous avons déjà cités, MM. Chevallier, Beauregard et Villey, s'inspirant des idées de M. Leroy-Beaulieu, qui avait très nettement montré les défauts de l'ancienne théorie, et reprenant celles de M. Walker, les ont reproduites à leur tour dans leurs récents ouvrages. M. Beauregard, notamment, a enrichi la doctrine de l'écrivain américain de beaucoup de développements : tout en pensant que, sur un grand nombre de points, l'auteur a, en lui imprimant un caractère trop péremptoire, rendu critiquable le système qu'il expose, nous croyons devoir indiquer au lecteur comment le savant professeur présente ses arguments. Ils sont, sous une forme plus détaillée, les mêmes, en substance et sur ce qui concerne le fond du sujet, que ceux de ses deux émules. « Lorsque l'ouvrier offre son travail à l'entrepreneur, dit M. Beauregard [28], il offre sa puissance productrice ; tout le monde est d'accord sur ce point : mais que demande-t-il en échange ? Ricardo, Malthus et Stuart Mill répondent : C'est la portion du capital que l'entrepreneur destine à acheter du travail. Là est l'erreur ; elle est fondamentale… Ce que l'ouvrier réclame, ce que l'entrepreneur lui promet, c'est une somme déterminée à forfait sur le prix espéré du produit net futur. » Tel est, dit l'auteur, le caractère primordial du salaire, caractère que n'altèrent ni le paiement à l'avance des sommes destinées à pourvoir l'ouvrier de subsistances, ni la fixité de la somme qui lui est remise. Quelles que soient l'époque du paiement et la quotité invariable du salaire, le taux n'en est pas moins déterminé par l'attente qui existe, chez l'entrepreneur, d'un certain bénéfice une fois l'entreprise achevée, et c'est la grandeur éventuelle de ce bénéfice qui mesure d'avance la rétribution accordée il la main-d'œuvre. Toutes les autres considérations, abondance des capitaux, circulants ou fixes, mœurs, coutumes, subsistent et exercent leur influence sur la fixation du taux du salaire ; mais elles s'effacent devant cette condition prédominante : la quantité de richesse qui va être créée par la collaboration du capital et du travail, et sur laquelle l'ouvrier doit prélever sa part de rémunération. « En résumé, dit l'auteur [29], nous sommes en présence d'un contrat complexe qui en contient trois : 1° un contrat principal, dominant les deux autres, par lequel l'ouvrier promet son travail en échange d'une somme fixe, à prendre sur le prix espéré du produit net futur ; 2° un contrat d'assurance, l'entrepreneur s'engageant à garantir l'ouvrier contre les risques de l'entreprise, et l'ouvrier payant une prime qui consiste dans un léger abaissement de son salaire ; 3° une promesse de prêt, l'entrepreneur s'engageant à solder l'ouvrier avant que la vente du produit ne soit réalisée, et l'ouvrier payant un intérêt par un nouvel abaissement de son salaire… Chacun de ces trois contrats mérite examen,.. mais seul le premier nous donne la notion des objets échangés… En définitive, le marchandage s'engage sur cette question : l'ouvrier fournissant ; son travail, quelle somme ; obtiendra-t-il en échange sur le pris espéré du produit net futur ? »

Là, en effet, est le nœud de la question, et, à vrai dire, il ne nous semble pas que la théorie dont nous venons d'exposer le résumé, et que l'auteur développe dans plusieurs chapitres, avec quelque subtilité d'ailleurs, contribue à faciliter sur ce point particulier la solution du problème. Que résulte-t-il, en effet, du droit que M. Beauregard prétend, avec tant d'insistance, être celui de l'ouvrier à participer au bénéfice éventuel de l'opération entreprise par l'initiative du patron, grâce au concours du travailleur ? Une simple constatation théorique. Que le salaire de l'ouvrier doive être prélevé, une fois les autres frais de la production déduits, sur une masse qui comprend et le bénéfice de l'entrepreneur et la rétribution de la main-d'œuvre, c'est ce qui est évident par définition même ; mais quelle règle établira la part qui doit être réservée au capital et celle qui doit aller au travail ? La seule concurrence en décidera, concurrence des patrons en quête d'ouvriers, ou d'ouvriers en quête de patrons ; c'est elle qui fixera le *quantum* de chacun des agents de la production, désireux de s'assurer respectivement le gain maximum, et l'on revient ainsi, après un détour, à la loi de l'offre et de la demande. En réalité, que le salaire représente le droit à un prélèvement sur un bénéfice aléatoire, droit satisfait par une somme fixe, payée à forfait dans des conditions déterminées, cela intéresse peu l'ouvrier ; ce qui lui importe, c'est que le marchandage qui fixe le taux de sa rétribution s'établisse dans des circonstances favorables pour lui ; et, pour cela, la première condition est que la marge laissée par le prix de revient, marge sur laquelle doit être pris le salaire en même temps que le bénéfice, soit large. Ce point ne peut être réalisé que si la production s'accomplit économiquement. A mesure que l'organisation perfectionnée de l'industrie allège les charges du capital, la masse qui pourra être distribuée entre les entrepreneurs et les salariés devient plus considérable ; tout perfectionnement dans l'outillage, toute division avantageuse des opérations industrielles, tout progrès dans la productivité propre de l'ouvrier, en général toute amélioration dans les procédés et l'agencement du travail, tourneront au profit commun des collaborateurs de la production, dont ils augmentent le gain éventuel. C'est un point que A. Smith avait déjà nettement ; quoique passagèrement aperçu, lorsqu'il écrivait que « ce n'est pas l'étendue de la richesse nationale, mais son progrès continuel, qui donne lieu à une hausse dans les salaires. » Il faut encore aller plus loin et dire, d'une façon générale, que tout progrès dans la productivité est profitable à trois catégories de personnes : à l'entrepreneur, à l'ouvrier et au consommateur. Celui-ci, en général, n'est pas le moins favorisé ; en effet, la concurrence des fabricants fait baisser le prix de vente des produits à mesure que le prix de revient est réduit, et l'acheteur en profite. Dans ce cas, la baisse des prix peut diminuer les profits du patron et de l'ouvrier ; mais dans ce débat à trois, où chacun défend ses intérêts, rien ne prouve, *a priori*, que l'ouvrier soit sacrifié. Pour l'admettre, il faudrait accepter le postulat de Smith, de Turgot et de Ricardo, que le salaire tombe toujours au niveau des subsistances, ce que les faits (et les ouvrages cités plus haut en contiennent d'incontestables preuves), contredisent absolument. Dans la réalité, l'accroissement de richesse, fruit de

24

la collaboration du travailleur avec l'entrepreneur, ouvre au salarié comme au patron des perspectives de gain, et c'est cet accroissement qui mesure, pour l'un comme pour l'autre, l'accroissement possible de leur rémunération. Tant que la productivité du travail augmente la marge de bénéfices du patron, le travailleur a lui-même des chances que son salaire monte. Ces chances subsistent même dans le cas où, par la concurrence des entrepreneurs, le prix des produits baisse ; car, dans ce cas, les capitaux épargnés par les consommateurs se présentent sur un autre point du marché comme acheteurs de travail et font monter la valeur des bras. De plus, comme consommateur, l'ouvrier profite de la réduction sur le prix d'achat des objets dont il doit se pourvoir pour vivre.

On arrive ainsi, et c'est la conclusion commune des auteurs que nous avons nommés en tête de cette étude, à envisager dans son ensemble le phénomène de la production d'une façon plus large et plus rassurante pour les classes laborieuses que ne l'avaient fait plusieurs des anciens économistes. Il résulte des progrès de la création industrielle un total de civilisation où chaque partie prenante peut et doit trouver son profit, profit d'autant plus sûr que la masse partageable due à la collaboration du travail et du capital est plus considérable. Le soi-disant fonds des salaires, sorte de somme fixe à laquelle, d'après l'ancienne théorie, certains ouvriers ne pouvaient toucher sans affaiblir la part des autres, devient un trésor sans cesse grossissant avec la productivité elle-même, trésor sur lequel tous ont un droit croissant, soit directement comme producteurs, soit indirectement comme consommateurs, sans que la quote-part de chacun soit déterminée par une règle absolue, ni que notamment celle des ouvriers soit limitée par une barrière infranchissable : *le salaire naturel*.

Telle est la part faite à la productivité dans la théorie du salaire par les économistes qui l'ont récemment complétée. Nous emprunterons à l'un d'eux, à titre d'*illustration*, un exemple de la façon dont les progrès mêmes de la production peuvent servir à la fois les intérêts des divers agents qui collaborent à la création industrielle. L'exemple est tiré du livre de M. E. Chevallier, qui cite lui-même un document dressé par un éminent statisticien américain, M. Atkinson [30]. Il s'agit des résultats obtenus dans deux fabriques de fils et tissus de la Nouvelle-Angleterre, de 1830 à 1884. La production dans ces établissements, en 1830, était par ouvrier (en yards) de 4,321 ; le salaire moyen annuel représentait 164 dollars. Le profit par yard, nécessaire pour payer 10 pour 100 au capital, était de (dollars) 2,400. En 1884, la production par ouvrier monte à (yards) 28,032, le salaire moyen à 290 dollars, et le profit par yard, assurant 10 pour 100 au capital, n'est plus que 0,408. En même temps, le coût du travail s'est abaissé de (dollars) 1,900 par yard à 1,076. Ces chiffres sont significatifs. Bastiat les eût volontiers cités comme vérification de la thèse qu'il développait dans ses *Harmonies économiques*, « qu'à mesure que les capitaux s'accumulent, le prélèvement absolu du capital dans la production augmente, et son prélèvement proportionnel diminue : le travail voit augmenter sa part relative, et, à plus forte raison, sa part absolue. »

Section III

« En considérant les circonstances au milieu desquelles la société se trouve placée aujourd'hui, circonstances absolument différentes de celles où elle était placée dans les siècles antérieurs, il ne faut pas s'étonner de l'insuffisance de nos connaissances,.. et il faut laisser aux économistes futurs le soin de perfectionner la théorie. *Initiatos nos credimus dum in vestibulu hœremus.* » Cette remarque de Mac-Culloch [31] est vraie de la science à toutes les phases de son développement. Malgré leur sagacité et la pénétration de leur coup d'œil, les hommes éminents qui ont, il y a cent ou même cinquante ans, observé les phénomènes économiques, n'ont pas, sur bien des points, pu prévoir l'extraordinaire progrès industriel, commercial, agricole, dont notre génération a été témoin et a bénéficié. Plusieurs des merveilles réalisées depuis la publication de leurs ouvrages, engins [32], méthodes de travail, moyens de transport, les stupéfieraient, s'ils pouvaient les contempler. En même temps, la population appelée à se partager les fruits du travail industriel augmentait dans des proportions considérables, mais bien moindres cependant que ne l'avaient annoncé les malthusiens, d'après les chiffres fournis par le Nouveau-Monde [33], avec toute sorte de prédictions peu rassurantes. Dans l'ensemble du mouvement de la natalité depuis cent ans, il s'est présenté ce phénomène remarquable et contraire aux théories primitives de l'école, que, dans les pays de civilisation ancienne, l'aisance relative, loin de multiplier les naissances, les réduit, et même, comme le fait s'est produit en France, ralentit d'une façon excessive le renouvellement des habitants : « La France, dit M. de Laveleye, est, avec la Suisse et la Norvège, le pays où la propriété se trouve entre le plus grand nombre de mains et où le bien-être est le plus également réparti, et c'est aussi le pays où la population s'accroît le plus lentement… Quand Arthur Young voyait notre sol divisé en un très grand nombre de propriétaires, il prédisait que le pays se transformerait en une garenne de lapins ; c'est tout le contraire qui a eu lieu. » Les données déjà acquises touchant l'influence générale du bien-être sur le nombre des naissances, d'une part, et, d'autre part, les ressources nouvelles et presque indéfinies qui se sont ouvertes par l'exploitation d'immenses territoires encore inexplorés ou incultes au début du siècle, dans l'ancien et dans le Nouveau-Monde, enfin les moyens de production et de transport perfectionnés, ont singulièrement reculé, s'ils ne l'ont pas définitivement annulée, l'échéance redoutable prédite par les anciens économistes, relativement à la disproportion des subsistances et des bouches à nourrir. L'afflux de blé de l'Inde ou de l'Amérique, qui fait l'effroi des protectionnistes d'Europe, est la meilleure preuve que les vivres ne sont pas près de manquer à l'humanité, pourvu qu'elle ne les arrête pas en chemin par des droits prohibitifs.

Dans le même intervalle de temps, et, c'est là une des faces capitales de la question, l'état légal des classes ouvrières s'est, presque chez tous les peuples, et dans notre pays plus encore qu'ailleurs, profondément modifié. En France, la liberté du travail, proclamée en principe par Turgot, a, depuis la révolution, été sanctionnée par la législation. L'égalité civile, l'abolition des mesures qui pesaient plus spécialement sur les salariés, comme les lois prohibitives des coalitions, l'article 1781 du code civil, l'interdiction des associations, ont complètement transformé les conditions qui régissaient les rapports du capital et du travail. Chateaubriand appelait le salariat « une dernière forme du servage. » Il n'en aurait plus le droit aujourd'hui. Les ouvriers ne se trouvent plus en face d'un « maître, » suivant le nom qu'on donnait au patron, devant lequel ils devaient s'incliner, mais d'un chef d'entreprise avec lequel ils peuvent traiter directement, isolément s'ils le veulent, ou collectivement s'ils le préfèrent ; ils ont la faculté d'opposer l'organisation des bras à celle des capitaux, les syndicats aux unions patronales. Quelle puissance (malgré ses dangers) cette faculté nouvelle donne aux salariés, en cas de lutte, pour attaquer ou se défendre, et même en temps de paix, pour maintenir le taux des salaires ou faire prévaloir d'autres revendications, on l'a vu dans bien des cas, soit en France, soit à l'étranger ! « Longtemps après la disparition du servage, dit M. Leroy-Beaulieu [34], les règlements et les lois se sont inspirés des traditions de ce mode d'organisation du travail ; le contrat de salaire n'a pas été complètement libre. La loi y est intervenue avec sa force coercitive ou sa force préventive, et toujours elle a montré une évidente partialité pour celui qui paie le travail et contre celui qui le fournit. Ce système d'intervention, par voie législative ou réglementaire, dans les rappons des ouvriers et des entrepreneurs, était en pleine floraison du temps des premiers économistes : Turgot, Smith ; il n'avait pas encore disparu au temps de Say, de Sismondi. Leur doctrine sur le salaire se ressent de cet état des lois et des mœurs, qui déprimait la situation de l'ouvrier et lui enlevait l'indépendance. Ils représentaient celui-ci comme étant naturellement à la discrétion du maître ; ils ne se trompaient guère que sur l'adverbe : au lieu de naturellement, c'est artificiellement et passagèrement qu'ils auraient dû dire. » Aujourd'hui, de l'aveu de tous, cette partialité du code a disparu ; si la liberté est parfois compromise, c'est par l'oppression que les ouvriers exercent les uns sur les autres, et non par l'action de la loi. Celle-ci même, sous prétexte de ne pas violer le droit des grévistes assiste trop souvent désarmée à des menaces ou à des violences que son premier devoir serait de réprimer. On a vu récemment des exemples de cette non-intervention de l'autorité qui ont été des scandales. C'est contre la domination des fauteurs de désordre que les vrais travailleurs auraient surtout besoin aujourd'hui d'être protégés pour sentir qu'ils sont libres.

Tandis que leur situation légale se modifiait radicalement, les progrès de l'instruction, le développement du gouvernement démocratique, l'application du suffrage universel et l'importance politique qu'il confère aux classes laborieuses, l'expansion même de l'enseignement littéraire, qui encombre les carrières bureaucratiques et administratives en diminuant le recrutement du travail manuel, tout à la fois concourait à relever la condition des ouvriers, condition morale et physique, et à adoucir leur sort. Certes, l'amélioration acquise est loin de répondre aux vœux du philanthrope. Il suffit d'ouvrir les yeux pour constater les misères qui subsistent. La plaie du paupérisme est saignante par bien des points et la surface brillante de notre civilisation recouvre de profondes, et lamentables souffrances. Les malheureux, et, suivant le mot de Macaulay, « les barbares du XIXe siècle, » fils de l'ignorance et du dénuement, sont encore un trop grand nombre. Souhaitons que toutes les forces vives de la société s'unissent pour réagir contre un état de choses qui, s'il se prolongeait indéfiniment, et surtout s'il s'aggravait, serait un outrage à la raison et au progrès humain. Mais nous sommes loin de croire que, d'une façon générale, le mal se soit aggravé. Au contraire, il s'atténue. Quel que soit l'abîme de douleurs qui reste à combler, il s'est certainement produit dans la condition des classes vivant de salaires un soulagement relatif plus ou moins grand, suivant les milieux et les régions, mais réel et constant, et qui, en tout cas, dément l'affirmation des socialistes que le paupérisme va toujours croissant, qui contredit même cette allégation singulièrement inexacte de Stuart Mill, que « le progrès des machines n'a pas allégé d'une heure le temps de peine d'aucun être humain, » qui est en désaccord aussi avec la thèse soutenue par d'ardens détracteurs du régime inauguré par Turgot, thèse d'après laquelle le soi-disant libéralisme économique n'aurait abouti qu'au « règne de la force » et à l'écrasement des travailleurs [35]. L'ouvrier d'aujourd'hui, agricole aussi bien que manufacturier, est mieux nourri, mieux logé, mieux vêtu [36], non-seulement que le misérable paysan décrit par La Bruyère ou Vauban, ou que le travailleur des premières grandes fabriques dont Sismondi ou Villermé en France, Thornton et les grandes enquêtes en Angleterre, ont tracé le lugubre portrait. En outre, sa journée de travail est plus courte et en général moins rude. En France, en Angleterre, la journée de dix heures est devenue habituelle ; en Amérique, la journée de huit heures est vivement réclamée. Le conseil municipal de Paris veut (très inconsidérément d'ailleurs) imposer celle de neuf heures à ses entrepreneurs. Le travail des femmes, des enfants, a été constamment abrégé. En même temps, le taux des salaires et leur puissance d'achat se relevaient singulièrement. A la suite d'une longue et consciencieuse étude reproduite dans, son récent volume *Essays in Finance*, M. R. Giffen évalue à un chiffre variant de 50 à 100 pour 100, en dépit des journées plus courtes, l'amélioration du salaire réel en Angleterre depuis cinquante ans. En France, l'évaluation de MM. de Foville et Leroy-Beaulieu, acceptée par d'autres auteurs, touchant la hausse du salaire avant la dernière crise industrielle et commerciale, est comprise entre 40 et 75 pour 100 [37]. Quant à l'Amérique, à en croire l'illustre inventeur Edison, un ouvrier peut aujourd'hui y acheter quatre fois autant avec dix heures de travail que son père pouvait le faire il y a cinquante ans [38].

Les économies mêmes de la classe laborieuse, qui, d'après la théorie du salaire égal aux subsistances n'auraient pas dû pouvoir se constituer, représentent déjà aujourd'hui un capital énorme. Qu'on songe pour la France seulement à notre stock des caisses d'épargnes, qui de 62 millions en 1835 est monté en 1884 a plus de 2 milliards [39], aux valeurs mobilières, rentes et obligations, qui se sont une à une accumulées dans les mains des modestes porteurs de nos villes ou de nos campagnes, aux fonds déposés dans les caisses de prévoyance pour la maladie ou les pensions de retraite, aux biens immobiliers dont nos populations rurales ont peu à peu acquis la propriété. Qu'on calcule, d'autre part, les dépenses improductives ou funestes auxquelles se livre une trop grande fraction de la classe laborieuse ; car à côté de ceux qui, grâce à une force de caractère digne d'éloge, économisent, même au prix de terribles difficultés, il y a ceux, et ils sont nombreux, qui gaspillent ; qu'on relève notamment l'effroyable consommation d'alcool qui absorbe annuellement en France 1,600 millions de francs, et, en vidant les poches des buveurs de petits verres, détruit leurs forces physiques et mine leur intelligence, il sera impossible à l'esprit impartial de nier que, contrairement aux conclusions pessimistes des défenseurs de la *loi d'airain*, le salaire s'est élevé en moyenne, au-dessus des besoins rigoureux de chaque jour, d'une quantité égale à la fois à l'épargne qui a déjà été accumulée, aux progrès qui ont été réalisés dans le bien-être, et aux sommes qui sont annuellement perdues en dépenses stériles ou nuisibles, dépenses qui, en tout cas, ne peuvent pas rentrer dans le calcul du coût des subsistances indispensables à la vie.

« Il n'est pas douteux, dit M. Léon Say [40], pour ceux qui ont étudié l'histoire des ouvriers, que, depuis un siècle, les progrès de leur bien-être ont été immenses, et que ceux de leur moralité, quoique moins rapides, sont loin d'avoir été nuls. Les ouvriers du XIXe siècle sont dans un état de prospérité beaucoup plus grand et dans un état de moralité sensiblement supérieur, et n'ont rien à envier, à ce point de vue, aux ouvriers du temps passé. »

Section IV

Le contrat de salaire a certes besoin d'être perfectionné pour achever de s'approprier à la situation politique et morale des populations ouvrières ; il est nécessaire que, dans et par la liberté, de nouvelles institutions naissent, ou que d'autres, déjà fondées, se développent, qui facilitent les relations entre ceux qui emploient et ceux qui offrent le travail. C'est là un domaine où il reste beaucoup à tenter pour empêcher de naître ou du moins de s'envenimer des conflits qui, en semant des germes de discorde civile, compromettent l'avenir de notre industrie. Bien des combinaisons dans ce sens pourront et devront être essayées [41]. D'autres institutions augmenteront la sécurité du travailleur, assureront le repos de ses vieux jours, le protégeront contre les crises commerciales et le chômage ; l'amélioration des conditions du travail est le grand problème de l'avenir, et s'impose au souci du politique aussi bien que du philanthrope. Parmi les systèmes qui réussiront, nul, nous en sommes persuadés d'avance, ne supplantera d'une façon générale le régime du salaire, qui est le plus souple, le plus pratique, et à beaucoup d'égards le plus sûr, pour la classe laborieuse, de tous les modes de rémunération. Les faits ont prouvé que, malgré bien des circonstances défavorables, déjà sous sa forme présente, dès que le débat loyal du prix de la main-d'œuvre est possible, il permet aux deux associés de la création industrielle de tirer parallèlement et respectivement profit du progrès de la productivité, seule origine véritable de l'accroissement général de richesse. C'est là une conclusion sur laquelle, pensons-nous, les véritables amis des classes laborieuses ne sauraient trop insister. Au lieu de partager des préjugés trop répandus contre un mode de relations parfaitement licite et honorable, ils doivent, en s'appuyant sur une théorie plus large que celle dite classique, défendre le principe du salaire et le justifier des accusations qu'on lui prodigue. Présentement, le plus pressé est de lutter contre une désorganisation qui, sous prétexte de modifier la répartition des produits du travail, détruirait la production elle-même. Avant de partager, il faut créer. Les collectivistes n'auront raison dans leurs attaques contre le travail agencé suivant le mode actuel que le jour où ils auront prouvé que les ateliers *mutualistes* égalent en productivité les entreprises *capitalistiques*, objets de leurs anathèmes. Les premiers socialistes du siècle avaient du moins été logiques dans leurs visées. Avant de procéder à une réforme générale du travail, ils supposaient une refonte totale du monde moral : la famille, la nation, la politique européenne, sortaient de leurs mains complètement modifiées ; des mobiles assez semblables à ceux qui ont suscité les grandes rénovations religieuses devaient présider aux rapports des hommes entre eux. L'amour du prochain, l'amour de l'humanité, le respect d'une certaine hiérarchie morale reconnue par tous, étaient substitués à l'intérêt et à l'égoïsme particuliers. Dans une société ainsi purifiée et presque sanctifiée, on pourrait concevoir une sorte de ruche laborieuse, mettant en commun et exploitant avec zèle toutes les sources de richesses, puis se partageant fraternellement, sous la direction incontestée d'une autorité centrale, les fruits du travail. Mais qui actuellement, parmi les collectivistes, s'occupe de cette réfection du régime moral ? Leurs prédications, toutes pleines de haines et de menaces, inspirées par l'envie et propageant l'envie, ne mènent guère vers la réalisation d'une conception pacifique et en quelque sorte idyllique qui fut chère à de grands esprits et qui s'accorde peu, il faut l'avouer, avec l'état actuel de l'Europe. Tant que le monde n'est pas changé, restons dans les conditions pratiques qu'il comporte. L'industrie, guidée et façon née par la science, aiguillonnée par le désir du gain individuel, a produit les merveilles de tout genre dont nous sommes témoins et que nul ne cherche à nier. Dans cette prospérité créée à la fois par le cerveau et le labeur des hommes, par l'invention des savants, l'initiative et l'intelligence organisatrice des chefs d'entreprises, la force

32

physique ou l'adresse des bras, sur ce trésor sans cesse amplifié, grâce à l'impulsion de cet état-major industriel qui se recrute et se renouvelle chaque jour à tous les degrés de l'échelle sociale parmi ceux qui osent et qui savent, sans considération de naissance ou de patrimoine, le travailleur manuel peut légitimement réclamer avec insistance sa part de rémunération, et la réclamer plus forte à mesure que les perfectionnements techniques et les conditions générales de l'échange le permettent : c'est là son droit incontestable, droit semé de périls s'il en abuse, mais dont les libertés actuelles ne lui garantissent pas moins la possession. C'est à exercer ce droit avec sagesse et modération, avec une saine entente de ses véritables intérêts, en se défendant d'ambitions trop hâtives ou de haines inconsidérées, que doit s'attacher la fraction sage de la classe laborieuse, si elle veut, par des moyens peut-être lents, mais efficaces, améliorer son sort. Au lieu de s'associer à des déclamations insensées, bavardages puérils quand ils ne sont pas le fruit venimeux d'ambitions personnelles aigries, que le parti ouvrier, vraiment digne de ce nom, honore la science, mère des découvertes et sûre directrice des travaux humains, qu'il encourage l'esprit d'initiative et l'association des capitaux, qui seuls, avec le concours des bras, font prospérer les entreprises industrielles ; car s'il stérilisait, en les enrayant par des menaces de spoliation, ces activités, fécondes pour lui comme pour l'ensemble de la société, il ne lui resterait qu'à s'ensevelir sous les ruines qu'il aurait provoquées. Après avoir poussé au pouvoir quelques politiciens de plus, il aurait accru la somme de misère dont souffre le monde et compromis, sans servir aucun intérêt légitime, l'œuvre de la civilisation.

Notes

1.   Voyez la Revue du 15 décembre 1876 ; du 1er novembre 1887 et du 15 février 1888.

2.   Offenes Antwortschreiben, p. 10.

3.   J. Garnier, dans son Traité d'économie politique, M. Baudrillart, dans son Manuel, et d'autres, n'ont pas reproduit sans réserves les formules classiques. Le premier, notamment, a protesté

contre le « salaire naturel » et modifié les bases sur lesquelles l'école anglaise établissait la répartition des produits (chap. XXXII) ; mais il ne l'a pas fait avec toute la netteté désirable. M. Cauwès, au contraire, dans son Précis d'un cours d'économie politique (2e édit., t. II, p. 20 et suiv.), combat la théorie dite anglaise avec beaucoup de fermeté et de clarté. En général, dit Stanley-Jevons (Theory of political economy), l'école française n'a pas laissé passer sans critiques l'ancienne loi des salaires. (Voir, notamment, les traités de MM. Courcelle-Seneuil, Levasseur, etc.)

4.		Voir, entre autres, Stanley-Jevons, Mac-Leod, Leslie en Angleterre ; Fr.-A. Walker, the Wages question, en Amérique.

5.		Un passage de Necker renferme des prévisions plus sombres encore que celles des deux célèbres économistes que nous venons de citer : « S'il était possible qu'on vint à découvrir une nourriture moins agréable que le pain, mais qui pût soutenir le corps de l'homme pendant quarante-huit heures, le peuple serait bientôt réduit à ne manger que de deux jours l'un, lors même qu'il préférerait son ancienne habitude ; les propriétaires de subsistances, usant de leur pouvoir et désirant multiplier le nombre de leurs serviteurs, forceront toujours les hommes qui n'ont ni propriété ni talent à se contenter du simple nécessaire. Tel est l'esprit humain que les lois sociales ont si bien secondé. » (Cité par Malon, Manuel d'économie sociale.)

6.		Turgot lui-même, écrivant à Hume une lettre qui a été reproduite récemment pour la première fois par M. Léon Say (Turgot, p. 49), disait : « Il faut encore que l'ouvrier trouve un certain profit pour subvenir aux accident, pour élever sa famille. »

7.		Ainsi A. Smith fait remarquer que les ouvriers les plus pauvres ne se contentent plus, de son temps, de la nourriture, des vêtements et du logement qui leur suffisaient autrefois : « Ce qui prouve que ce n'est pas seulement le prix pécuniaire du travail, mais que c'est aussi la rémunération réelle qui a augmenté. » — J.-B. Say insiste beaucoup sur ce que les habitudes des hommes influent grandement sur leurs besoins, et que « la mesure de ce qu'il faut pour vivre dépend en partie des habitants du pays où se trouve l'ouvrier. » C'est ce point de vue qui, en général, a été adopté par l'école.

34

8.	Principles of political economy, vol. I, chap. II.

9.	Stuart Mill formule ainsi cette théorie : « Le wages-fund doit être considéré à un moment donné comme un total fixe. La classe des salariés ne peut pas se partager plus que le susdit total ; elle ne peut pas recevoir moins que ce même total. En conséquence, la somme à partager étant fixe, les salaires individuels dépendent uniquement de dividende, c'est-à-dire du nombre des copartageants. » Buckle signale comme « un des grands faits qui ont marqué la fin du XVIIIe siècle » la démonstration décisive qui a été produite, que la rémunération du travail dépend uniquement de deux causes ; la grandeur du fonds sur lequel le travail est payé et le nombre des travailleurs entre lesquels il se divise.

10.	Voir, notamment, sur la loi désignée en anglais sous le nom de diminishing return, Stuart Mill, Principes d'économie politique, t. I, ch. XII : « C'est la loi de production de la terre, que, dans un état quelconque de l'habileté et des connaissances agricoles, l'augmentation du travail n'amène pas une augmentation du produit au même degré : doubler le travail ne double pas le produit… Cette loi générale de l'industrie agricole est la proposition la plus importante de l'économie politique. »

11.	Des Principes de l'économie politique, chap. V. (Voir la conclusion analogue de Stuart Mill, Principes d'économie politique, t. II, p. 276.)

12.	Voir les écrits de Mac-Culloch, Chalmers, Thornton, etc.

13.	Malthus lui-même écrivait mélancoliquement : « Je ne crois pas que, parmi mes lecteurs, il s'en trouve beaucoup qui se livrent moins que moi à l'espoir de voir les hommes changer généralement de conduite au point de vue de l'observance de la contrainte morale. »

14.	Traité d'économie politique, discours préliminaire, p. 31, et chap. IV, 71.

15.	Smith aggravait, on le sait, la portée de sa définition en classant dans les travaux improductifs toutes les activités autres que le travail industriel proprement dit.

16.	« La valeur, dit le Traité d'économie politique de J. Garnier, a son origine dans l'intérêt personnel, le besoin, l'échange, et varie selon l'utilité des choses, leur abondance ou leur rareté, le travail et les peines qu'elles nécessitent, et le travail que les acquéreurs peuvent s'épargner en se les procurant. Il faut entrer dans tous ces détails pour définir la valeur. » (Chap. XVI, g 385.) Est-il besoin de faire observer que l'intensité du désir d'acquérir un objet, ou l'utilité, ou la rareté de cet objet, peuvent être tout à fait indépendants de la somme de travail incorporée dans l'objet lui-même) Les dons naturels (parmi lesquels la supériorité d'intelligence ou de force physique), les arrangements sociaux, la chance même, reprennent ainsi la place que leur avait retirée une théorie trop étroite. (Voir Leroy-Beaulieu, le Collectivisme, p. 62, et Laveleye, le Socialisme contemporain, p. 30 et passim.)

17.   Voir également Correspondance avec J. -B. Say (à la suite du Cours d'économie politique de ce dernier).

18.   Une partie de ces doctrines a été résumée dans l'ouvrage de M. M. Block : les Théoriciens du socialisme en Allemagne. Voir aussi le Collectivisme, par M. P. Leroy-Beaulieu, et le Socialisme contemporain, par M. de Laveleye.

19.   Ici encore, A. Smith préparait des arguments aux socialistes lorsqu'il écrirait en tête de son chapitre VIII : « Le produit du travail constitue la récompense naturelle ou le salaire du travail. Dans cet état primitif qui précède l'appropriation des terres et l'accumulation des capitaux, le produit entier du travail appartient à l'ouvrier. Il n'a ni propriétaire ni mai ire avec qui il doive partager. »

20.   Voir, pour ces définitions, le Manuel d'économie sociale de M. Benoit Malon, qui est un bon résumé des critiques adressées par les écrivains socialistes à l'économie politique classique.

21.   P. 74 (traduction Malon). M. Schæffle critique d'ailleurs cette définition. (Voir la fin du chapitre VI.)

22.   Capital et travail (traduction Malon, p. 113, 250 et passim).

23.   Le livra de K. Marx a été traduit par M. Roy et forme un volume de 350 pages à deux colonnes in-4°. M. Deville en a publié un résumé en un volume in-12.

24.   Voir M. Leroy-Beaulieu, le Collectivisme, p. 241.

25.   L'un des derniers venus du socialisme, l'auteur américain

M. George, dans non livre célèbre Progress and Poverty, soutient à peu près la même thèse. Dès la première page, il déclare rechercher a pourquoi, en dépit de l'accroissement de productivité du travail, les salaires tendent à un minimum égal à la simple subsistance de l'ouvrier. » C'est, on le sait, par la nationalisation du sol que l'auteur veut remédier aux maux qu'il décrit avec une chaleur communicative.

26.   Voir l'étude de M. Levasseur, la Théorie du salaire dans le Journal des Économistes, 15 janvier 1888.

27.   Voir the Wages question, par Francis A. Walker (1876).

28.   M. Beauregard distingue avec raison le capitaliste de l'entrepreneur, et explique bien comment c'est par l'intermédiaire de celui-ci que le capital entre en rapports avec le travail. Cette distinction, on le sait, n'a pas toujours été faite, notamment par certains économistes de l'école anglaise, et il en est résulté des confusions regrettables. Par contre, le rôle de l'entrepreneur a été défini avec beaucoup de justesse par J.-B Say : « L'entrepreneur est celui qui, à ses risques et périls, entreprend de fournir à la société les produits dont elle a besoin. Il apprécie les frais de production que nécessite un produit ; il préjuge la valeur qu'il aura étant terminé ; il rassemble tous les éléments de l'entreprise, en compose l'administration et le régime. Les entrepreneurs ont des profits indépendants de leurs capitaux, et fort supérieurs au salaire d'un simple travailleur, qui ne court aucun risque pour son compte, touche son traitement dans toutes les suppositions, et ne hasarde ni ses fonds, ni sa réputation en cas de mauvaise fortune. »

29.   Théorie du salaire, p. 163.

30.   Dans sa Distribution of products, le même auteur a publié une étude sur les Prix et les Salaires aux États-Unis depuis 1860, qui a été traduite dans le Bulletin de statistique(août et septembre 1887).

31.   Préface de la 3e édition des Principes d'économie politique.

32.   Citons un exemple entre mille : « Il y a deux cents ans, il fallait 10 hommes et 25 femmes, travaillant 61 jours, pour faire une pièce de drap, qui, actuellement, pourrait être exécutée dans ce même nombre d'heures par 20 ouvriers. (Jeans, Suprématie de l'Angleterre, p. 118).

33.	Les malthusiens, d'après l'exemple des États-Unis, estimaient, on le sait, à vingt-cinq ans le temps de doublement d'une population non contenue par des obstacles « préventifs ou répressifs ; » actuellement, en Europe, le doublement exige en moyenne quatre-vingts années. (Levasseur, Journal de la Société de statistique, mars 1883.)

34.	Répartition des richesses, p. 390.

35.	Voir Laveleye, le Socialisme contemporain, le chapitre sur les Socialistes catholiques, et la revue l'Association catholique, passim.

36.	Adam Smith disait : « La chemise et les souliers font partie du salaire nécessaire d'un ouvrier anglais ; ils ne font pas partie du salaire nécessaire de l'ouvrier français. Qui le croirait aujourd'hui ?

37.	Répartition des richesses, ch. XVI. Cette évaluation est reproduite sans contradiction par le Moniteur des Syndicats ouvriers (n° du 4 mars 1888.) Voir les nombreux tableaux statistiques de MM. Chevallier, Beauregard et Villey.

38.	Voir le Journal des transports, 25 décembre 1887.

39.	Il faut y joindre les 200 millions de la caisse d'épargne postale, qui ne date que de quelques années.

40.	Turgot, p. 201.

41.	Voir entre autres, dans la Revue du 15 juin 1871, notre étude sur les Conseils d'arbitrage anglais.

ISBN : 978-1981352289

www.ingramcontent.com/pod-product-compliance
Lightning Source LLC
Chambersburg PA
CBHW070751260726
48660CB00007B/3060